Anonym

Zur Bedeutung der Belastungscharakteristik auf die Knochen

GRIN Verlag

Bibliografische Information der Deutschen Nationalbibliothek:

Die Deutsche Bibliothek verzeichnet diese Publikation in der Deutschen National-
bibliografie; detaillierte bibliografische Daten sind im Internet über http://dnb.d-
nb.de/ abrufbar.

Impressum:

Copyright © 2011 GRIN Verlag GmbH
Druck und Bindung: Books on Demand GmbH, Norderstedt Germany
ISBN: 978-3-656-33963-2

Dieses Buch bei GRIN:

http://www.grin.com/de/e-book/206713/zur-bedeutung-der-belastungscharakteristik-
auf-die-knochen

GRIN - Your knowledge has value

Der GRIN Verlag publiziert seit 1998 wissenschaftliche Arbeiten von Studenten, Hochschullehrern und anderen Akademikern als eBook und gedrucktes Buch. Die Verlagswebsite www.grin.com ist die ideale Plattform zur Veröffentlichung von Hausarbeiten, Abschlussarbeiten, wissenschaftlichen Aufsätzen, Dissertationen und Fachbüchern.

Besuchen Sie uns im Internet:

http://www.grin.com/

http://www.facebook.com/grincom

http://www.twitter.com/grin_com

Knochen: Bedeutung der Belastungscharakteristik auf die Knochen Antwort

„Strain rate influences periosteal adaptation in mature bone"

LaMothe et al. 2004

Medical Engineering & Physics 27 (2005) 277–284

Studiengang: Bachelor Sport und Leistung
Abgabedatum: 18.01.2011

1

Inhaltsverzeichnis

1. Einleitung

Die vorliegende Hausarbeit beschäftigt sich mit der Frage, ob eine veränderte Dehnungsrate eine Auswirkung auf die Knochenadaptation des ausgewachsenen Skeletts hat.

Als Quelle dient ausschließlich der Artikel „Strain rate influences periosteal adaptation in mature bone", erschienen und veröffentlicht in der Fachzeitschrift Medical Engineering & Physics 27 (2005) S.277–284 von LaMothe et al..

Als erstes gilt es eine kurze Themeneröffnung, sowie einen Überblick über die allgemeinen Ursachen für die jeweilige Beschaffenheit des Knochens zu schaffen und vorangegangene Experimente und den Forschungsstand zu beschreiben.

Nach der Ausformulierung der Forschungshypothese, folgen die Erläuterung der verwendeten Methoden und die Durchführung des Experiments.

Danach werden die Ergebnisse der Studie ausgewertet und als Grundlage für eine Diskussion verwendet.

Abschließend wird ein Fazit gezogen, welches die durchgeführte Studie zusammenfasst.

2. Einfluss auf die Beschaffenheit des Knochens

Zwei entscheidende Faktoren beeinflussen die jeweilige Beschaffenheit des Knochens. Zum einen ist sie abhängig von genetisch bedingtem und somit nicht beeinflussbarem Wachstum, zum anderen von der skelettalen Adaptation.

Diese ist wiederrum abhängig von körperlichen Faktoren wie beispielweise der Ernährung. Eine Mangelernährung oder Unterversorgung von bestimmten Substraten kann eine Osteoporose begünstigen.

Des Weiteren wird eine Anpassung des Knochens durch standortspezifische Faktoren, wie zum Beispiel die Veränderung des physikalischen Milieus, bestimmt.

Indem man die Parameter der mechanischen Belastung, die auf einen Knochen wirken können, verändert (Dehnungsrate, Dehnungsfrequenz, Dehnungshöhe, Dehnungsvolumen), kann man unmittelbar Einfluss auf das physikalische Milieu nehmen.[1]

---

[1] Siehe LaMothe et al. Strain rate influences periosteal adaptation in mature bone: Medical Engineering & Physics. Elsevier. 27/2005. S. 277-278

3

2.1. Forschungsstand und frühere Studien

Durch vorangegangene Studien konnte bereits ein Einfluss auf die Knochenadaptation durch mechanische Belastungen festgestellt werden. Fuchs et al. konnten bereits zeigen, dass bestimmte Übungen, die eine mechanische Belastung hervorrufen, eine Knochenadaptation zur Folge haben. Dabei ließ er Probanden von einer 61cm hohen Plattform drei Mal pro Woche und acht Monate lang hinunter springen. Das Ergebnis dieser Studie war ein signifikanter Anstieg der Knochenmineraldichte des Femur.

Diese und andere Studien verwendeten Sprung und Aufprall (impact) als mechanische Belastungen, welche vor allem Einfluss auf die Dehnungsrate (strain rate) nehmen.

Turner et al. zeigten mit Hilfe von ungleichmäßigen Dehnungsraten und Variationen der Dehnungsregion an einer Rattentibia, dass sich unter anderem die Knochenformation proportional zur angewandten Dehnungsrate verändert.

Mosley und Lanyon stellten bei einer Studie an heranwachsenden Ratten fest, dass die Dehnungsrate einen Hauptfaktor für die osteogene Anpassung darstellt, indem sie eine Rattenulna belasteten und durch trapezförmige Belastungsfunktionen eine Dynamik der Dehnungsregion isolierten.[2]

3. Formulierung der Hypothese

Wie in Punkt 2.1. gesehen, kann anhand von vorangegangen Experimenten vom Einfluss der Dehnungsrate auf die Anpassung des Knochens durch mechanische Belastungen ausgegangen werden. Um die Dehnungsrate in der vorliegenden Studie in einer Dehnungsregion zu isolieren und eine konstante Dehnungsfrequenz beizubehalten, wurde wie bei Mosley und Lanyon eine trapezförmige Belastungsfunktionskurve verwendet.

So lässt sich die Hypothese formulieren, dass höhere Dehnungsraten eine höhere Knochenadaptation mit Hilfe von trapezförmigen Belastungsfunktionen auch bei einem ausgewachsenen Skelett zur Folge haben werden.[3]

---

[2] Ebd. S. 278
[3] Ebd. S. 278. „The current study tested that hypothesis by investigating the effect of strain rate on bone formation by applying loads to skeletally mature mice tibiae using a trapezoidal waveform."

4. Methode

Um die Hypothese zu untersuchen, wurde ein Gerät nach dem Designvorbild von Gross et al., welches eine konstante Belastung einer Mäusetibia möglich macht, verwendet. Dieser „murine loader" immobilisiert von außen die Tibia der Maus und drückt linear auf die rechte laterale Tibia (siehe Abb.1.).

Vor Beginn der Studiendurchführung wurde mit Hilfe von zwei ausgewachsenen Testmäusen der Loader kalibriert. Dazu wurden die Mäuse getötet, in den Apparat eingespannt und die Tibia belastet, um mögliche spätere Testeffekte auszuschließen und um einen Höchstwert (peak) für die Dehnungshöhe festzulegen. Dieser Peak liegt bei 1000µε.

Es wurden drei verschiedene Dehnungsratengruppen bestimmt, deren Belastungsfunktionskurve trapezförmig ist. Je nach Gruppe wird eine Dehnungsdauer bei maximaler Dehnungshöhe bestimmt. Dabei stehen die low (0.004 s^{-1}) und medium (0.020 s^{-1}) Gruppe stellvertretend für auftretende Belastungen bei normaler Fortbewegung und Impactbelastungen von Mäusen. Eine erhöhte Belastung stellt die high (0.100 s^{-1}) Gruppe dar, die am längsten dem Peak ausgesetzt ist (siehe Abb.2.).[4]

5. Durchführung

Nach Kalibration und Festlegung der drei Untersuchungsgruppen, folgt eine zufällige Einteilung der ausgewachsenen, 16 Wochen alten, weiblichen [5] Mäusen [6] in die drei verschiedenen Dehnungsratengruppen (low: n=14; medium: n=15; high: n= 14).

Während der Belastung der rechten Tibia wurden die Mäuse durch Halothan [7] betäubt, immobilisiert und bei einer Frequenz von 1 HZ in ihrer jeweiligen Gruppe 60 Sekunden lang belastet. Dieses Verfahren wurde fünf Tage in der Woche über insgesamt vier Wochen hinweg durchgeführt, bevor die Mäuse für die abschließende Untersuchung getötet wurden.

Zudem wurde an Tag 1 und Tag 18 Calcein green in die Bauchdecke injiziert, um durch Anlagerungen des Fluoreszenzfarbstoffes später eine mögliche Knochenanpassung lokalisierbar zu machen.

Im direkten Anschluss der Tötung der Maus, wurde die Tibia gesäubert und ein 70 µm langer Teil der Tibia entfernt, um die grüngefärbten Anlagerungen des Calceins, die auf eine

---

[4] Ebd. S. 278
[5] Das osteogene Potenzial ist unabhängig vom Geschlecht.
[6] Es sei darauf hingewiesen, dass Mäuse, aufgrund der damaligen Fortschritte in der Mäusegenomforschung und der damit verbundenen Perspektive für die biomechanische und transgenetische Forschung, ausgewählt wurden.
[7] Halothan hat keinen Einfluss auf die Knochenadaptation.

5

Adaptation des Knochens hinweisen, unter dem Lichtmikroskop sichtbar zu machen (siehe Abb.3.).

Die linke Tibia wurde ebenfalls entfernt und diente zur Kontrolle, da sie nicht von außen zusätzlich belastet wurde.[8]

6. Ergebnisse

Für die Auswertung der Ergebnisse wurden drei Werte für die drei verschiedenen Dehnungsgruppen periosteal[9] und endosteal[10] untersucht.

Die MAR (Mineralisierungsrate) gibt die Geschwindigkeit an, in welcher neuer Knochen angelagert und entscheidend vergrößert wurde. Durch die Belastung der periostealen Oberfläche konnte eine signifikante erhöhte MAR in allen drei Dehnungsgruppen im Vergleich zur Kontrolltibia festgestellt werden. Die low und die medium Gruppe wiesen identische Werte auf, während die high Gruppe sogar einen 50% höheren Wert aufwies, als die anderen beiden Gruppen (siehe Abb.4.).

Die MS (mineralisierende Oberfläche) zeigt die Knochenoberfläche in Prozent zur Gesamtoberfläche, die neuen Knochen bildet. Wieder wiesen alle drei Gruppen periosteal einen signifikant erhöhten Wert zur Kontrolltibia auf, besonders die medium und die high Gruppe (siehe Abb.5.).

Die BFR BS gibt die Knochenbildungsrate im Verhältnis zur Knochenoberfläche an. In der periostealen BFR BS zeigt sich, dass sich die MAR im Verhältnis zur MS normalisiert hatte. Die Belastungen führten zu einer signifikanten Steigerung der BFR BS periosteal in allen drei Gruppen im Vergleich zur Kontrolltibia. Außerdem konnte ein Reaktionsverhältnis zwischen der Dehnungsrate und der BFR BS festgestellt werden, da vor allem die high Gruppe höhere Werte im Vergleich zu den anderen beiden Gruppen aufwies (siehe Abb.6.).

Stellvertretend für die endosteale Oberfläche betrachten wir deshalb nur die BFR BS. Im Gegensatz zur periostealen Oberfläche konnte keine signifikante Steigerung der Werte im Vergleich zur Kontrolltibia und im Verhältnis zu der Dehnungsrate gemessen werden (siehe Abb.7.).[11]

---

[8] Siehe LaMothe et al. Strain rate influences periosteal adaptation in mature bone: Medical Engineering & Physics. Elsevier. 27/2005. S. 279
[9] Periosteal meint von der Knochenhaut ausgehend.
[10] Endosteal meint vom medullärem Raum (Knochenmark) ausgehend.
[11] Siehe LaMothe et al. Strain rate influences periosteal adaptation in mature bone: Medical Engineering & Physics. Elsevier. 27/2005. S. 279 ff.

7. Diskussion

Aus den Ergebnissen lassen sich folgende Schlüsse ziehen. Auch bei einem ausgewachsenen Skelett lässt sich durch mechanische Belastung eine Anpassung des Knochens erwirken. Jedoch zeigt sich durch die Studie, dass lediglich die periosteale Knochenoberfläche von einer solchen Adaptation betroffen ist. Daraus lässt sich schließen, dass das Endosteum resistent gegen Biegebeanspruchungen ist. Außerdem kann von einem Reaktionsverhältnis zwischen der Höhe der Dehnungsrate und der Größe der Knochenadaptation ausgegangen werden. Im Widerspruch dazu, würde eine langanhaltende statische Beanspruchung des Knoches würde allerdings zu einem ernsthaften Knochenverlust führen.

Des Weiteren geht aus dieser Studie nicht eindeutig hervor, in wie weit genau eine veränderte Dehnungsrate auf die Knochenadaptation wirkt. Es wird allerdings davon ausgegangen, dass die veränderten Druckverhältnisse, die durch die Dehnung entstehen, durch den Knochenfluidfluss ausgeglichen werden, auf den die Knochenzellen sensibel und mit einer Anpassung reagieren.[12]

8. Fazit

Aus der Studie geht abschließend hervor, dass der Mechanismus der Dehnungsrate zu einer Knochenadaptation führt. Dabei führte eine höhere Dehnungsrate auch zu einer größeren Adaptation als eine geringe. Daraus lässt sich für den Sport der Schluss ziehen, dass entsprechendes Training und Übungen einen positiven Effekt auch auf die Knochenanpassung eines ausgewachsen Skeletts haben.

---

[12] Ebd. S. 280 ff.

9. Quelle

- LaMothe et al. Strain rate influences periosteal adaptation in mature bone: Medical Engineering & Physics. Elsevier. 27/2005. S. 277-284

10. Abbildungsverzeichnis

11. Anhang

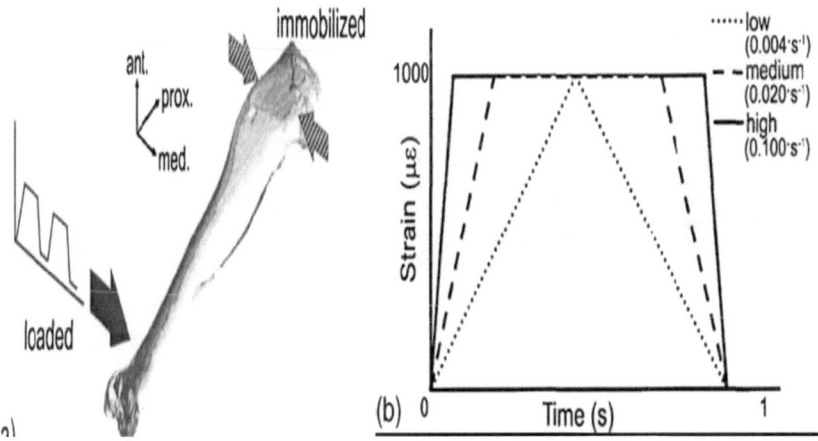

Abb. 1. Schema des Tibialoaders   *Abb. 2.* drei Dehnungsratengruppen

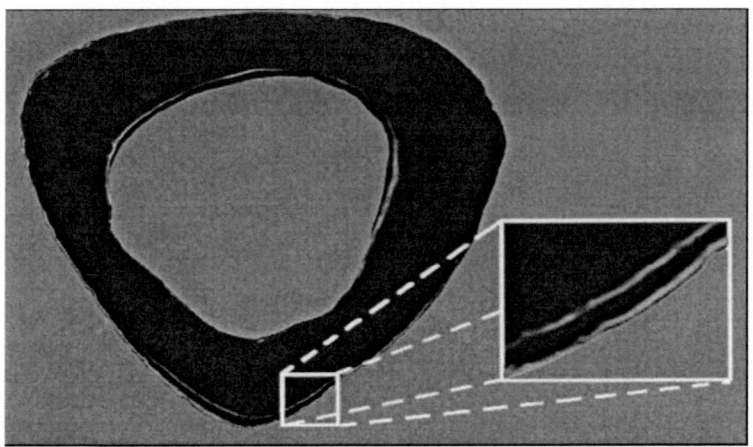

Abb. 3. Querschnitt der Mäusetibia. In der Vergrößerung: doppelte Ablagerung von Calcein

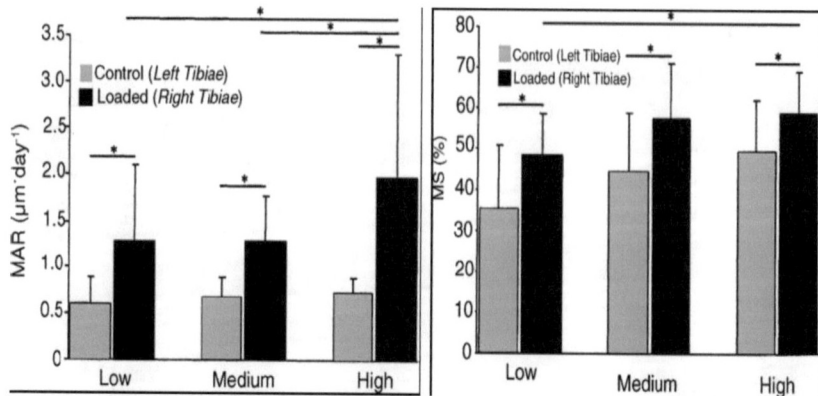

Abb. 4. periosteal Mineralisierungsrate

Abb. 5. periosteal mineralisierende Oberfläche

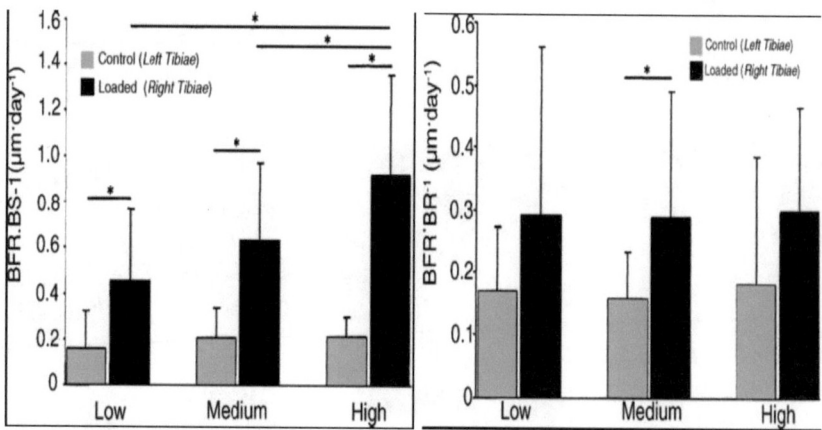

Abb. 6. BFR BS periosteal

Abb. 7. BFR BS endosteal

Medical Engineering & Physics 27 (2005) 277–284

Strain rate influences periosteal adaptation in mature bone

Jeremy M. LaMothea,b, Nicolas H. Hamiltonc, Ronald F. Zernickea,b,c,

a Faculty of Kinesiology, McCaig Centre for Joint Injury and Arthritis Research, University of Calgary, KNB136,
2500 University Drive NW, Calgary, Alta., Canada T2N 1N4
b Faculty of Medicine, McCaig Centre for Joint Injury and Arthritis Research, University of Calgary, KNB136,
2500 University Drive NW, Calgary, Alta., Canada T2N 1N4
c Faculty of Engineering, McCaig Centre for Joint Injury and Arthritis Research, University of Calgary, KNB136,
2500 University Drive NW, Calgary, Alta., Canada T2N 1N4
Received 12 March 2004; accepted 7 April 2004

Abstract

Mechanical forces influence bone form and function. Although the adaptive capabilities of bone are well known, the nuances of the mechanical stimuli regulating adaptation remain elusive. Recently, it was suggested that strain rate influences bone adaptation, and impact exercises with high strain rates during growth may be more osteogenic than low impact aerobic exercises. Building on those findings, we hypothesized that higher rates of mechanical loading would evoke greater adaptive responses than lower rates of loading in mature bone. To test that hypothesis, skeletally mature (16 weeks) female C57BL/6 mice underwent non-invasive exogenous cantilever bending of the right tibia with a 1 Hz trapezoidal waveform for 60 s, 5 days per week, for 4 weeks. Loading was calibrated (strain gauge) to induce peak magnitudes of 1000 μm on the lateral tibial middiaphysis. Mice were randomly assigned to three groups based on strain rate of the applied load: low (0.004 s−1; n = 14), medium (0.020 s−1; n = 15), and high (0.100 s−1; n = 14). Calcein injections (i.p., 10 mg kg−1) permitted histomorphometric analyses of bone formation. Loading significantly enhanced periosteal mineral apposition rate (MAR), mineralizing surface (MS), and bone formation rate (BFR BS−1) in all three strain rate groups, relative to control tibiae.

Furthermore, a graded dose–response relation was observed between the applied strain rate and periosteal BFR BS−1. These increases in MAR, MS, and BFR BS−1 were not seen on the endosteal surface. Endosteal adaptation was not statistically different between loaded and control tibiae in most endosteal indices of bone adaptation. Moreover, endosteal adaptation did not increase with strain rate. Understanding the nature of the stimuli to which bone cells respond to may underpin the development of non-pharmacological treatments devised to enhance bone mass.

Keywords: Mouse (C57BL/6); Biomechanics; Strain rate; Adaptation; Mechanotransduction

11

Strain rate influences periosteal adaptation in mature bone
LaMothe et al. 2004
Medical Engineering & Physics 27 (2005) 277–284

Einleitung

Werden die Parameter (Dehnungsrate, -frequenz, -dauer, -höhe) der mechanischen Belastung, die auf einen Knochen wirken, verändert, führt dies zu einer Veränderung des physikalischen Milieus und damit zur einer entsprechenden Knochenadaptation.

Hypothese

Hat eine veränderte Dehnungsrate einen Einfluss auf die Knochenadaptation eines ausgewachsenen Skeletts?

Methode

Zufällige Einteilung von Mäusen (n_{ges}= 52) in drei Gruppen je nach Dehnungsrate (G1= low [0.004 s^{-1}], G2= medium [0.020 s^{-1}], G3= high[0.100 s^{-1}]).

Die immobilisierte rechte Tibia der Maus wird bei einer maximalen Dehnung (peak= 1000 $\mu\varepsilon$) in einer trapezförmigen Funktionskurve 60s, 5d/w lang über 4 Wochen hinweg belastet. An Tag 1 und Tag 18 wird der Maus Calcein green (Fluoreszenzfarbstoff) injiziert.

Nach 4 Wochen wird die Maus getötet und ein 70 μm langer Teil der rechten Tibia entfernt, wobei die linke Tibia als Kontrolltibia dient. Grüngefärbte Ausschnitte der Tibia weisen auf eine Adaptationsreaktion der Knochenzelle hin.

Ergebnisse

Die Dehnung des ausgewachsenen Knochens führte zu einer erhöhten Mineralisierungsrate (MAR), zu einer vergrößerten mineralisierenden Oberfläche (MS) und zu einer gesteigerten Knochenbildungsrate im Vergleich zur Knochenoberfläche (BFR BS), jeweils ausgehend von der Knochenhaut (periosteal), in allen drei Dehnungsgruppen im Vergleich zur Kontrolltibia. Außerdem wurde eine Verbindung zwischen der Höhe der Dehnungsrate und der BFR BS auffällig.

Eine signifikante Steigerung der MS, MAR und BFR BS konnte, von der Markhöhle ausgehend (endosteal), nicht festgestellt werden.

Diskussion

Eine langhaltende statische Dehnung des Knochens kann jedoch zu Knochenverlust führen. Durch die Dehnung entsteht ein Druckungleichgewicht im Knochen, das durch den Knochenfluidfluss, auf den die Knochenzellen sensibel reagieren, ausgeglichen wird. Demnach hätte eine veränderte Dehnungsrate nur indirekt einen Einfluss auf die Knochenadaptation.

Fazit

Der Mechanismus der Dehnungsrate führt zu einer Knochenadaptation. Höhere Dehnungsraten führen dabei zu einer größeren Anpassung als niedrige.

Training kann also eine positive Wirkung auf ein ausgewachsenes Skelett haben.